# LES AMÉRINDIENS
# AU QUÉBEC

## CULTURE MATÉRIELLE

# LES AMÉRINDIENS AU QUÉBEC

## CULTURE MATÉRIELLE

Jean-Claude Dupont

**2ᵉ édition revue et corrigée**

Éditions Dupont
2700, rue Mont-Joli
Sainte-Foy, Québec
G1V 1C8
Tél. : (418) 659-1321

Dans la même collection:

Les objets figurant dans ce fascicule et dont la description est accompagnée d'un numéro d'accession, proviennent des collections du Musée de la civilisation de Québec. Je remercie Richard Dubé, directeur des collections à ce musée pour son assistance dans le choix des objets muséographiques, de même que Marie-Paule Robitaille, amérindianiste, pour ses conseils scientifiques, et Pierre Soulard, photographe.

Les autres illustrations sont tirées de la collection Michel Noël conservée au Musée montagnais de Pointe-Bleue, Roberval. Je remercie également Michel Noël, ethnologue et écrivain, pour ses conseils scientifiques, ainsi que Bernard Audet, ethnologue, qui a fait la révision du texte, et Louise Leblanc, photographe.

Les illustrations de la page couverture, « Jeune Montagnaise de la basse Côte-Nord », et « Jeune Mohawk en tenue de combat », sont l'œuvre de l'artiste peintre Joanne Ouellet.

ISBN: 2-9801550-9-8
Dépôt légal, deuxième trimestre 1993.
Bibliothèque nationale
du Québec
et
Bibliothèque nationale
du Canada

# LES FAMILLES AUTOCHTONES

À l'arrivée des Européens, l'Est du Canada était habité par des nomades qui parlaient diverses langues de la famille algonquienne; soit les Micmacs, les Malécites, les Abénakis, les Naskapis, les Montagnais, les Algonquins, les Cris et les Attikameks. Les Béothuks[1] de Terre-Neuve, de la même famille, s'éteignirent dans le premier tiers du XIXe siècle, à la suite de guerres ethniques et d'épidémies.

Quant aux membres de la famille linguistique iroquoienne, qui vivaient en bordure du fleuve Saint-Laurent, ils formaient les nations sédentaires des Mohawks et des Hurons-Wendats[2].

Le Québec abrite toutes les nations algonquines de l'Est du Canada. Notons cependant que les Malécites vivent aussi au Nouveau-Brunswick, le long de la rivière Saint-Jean, et que les Micmacs se retrouvent également en Nouvelle-Écosse, au Nouveau-Brunswick, à l'Île-du-Prince-Édouard et à Terre-Neuve. Quant aux Cris, ils sont aussi installés dans les Plaines du Manitoba et de la Saskatchewan. De même, les Algonquins vivent également en Ontario.

Les nations algonquines sont parfois désignées sous le nom d'« Indiens de l'écorce de bouleau », parce que ce matériau était utilisé dans la fabrication de leur habitation et de leur canot. Ils ne cultivaient pas le sol, mais vivaient de la chasse et de la pêche. La viande de caribou, d'orignal ou de chevreuil était leur mets préféré. Ils cueillaient une variété de baies sauvages de même qu'un certain nombre de racines comestibles.

Ces Indiens, selon Marius Barbeau, portaient généralement une chemise, des jambières et des mocassins en peau d'orignal et de caribou. Le vêtement des femmes tombait jusqu'aux chevilles, tandis que les hommes, qui portaient une bande-culotte, avaient une chemise qui n'allait pas au-delà des cuisses. En hiver, ils utilisaient des mitaines et, presque partout, des toques de fourrure. Chaque Indien possédait aussi une couverture de fourrure qui servait au besoin de couche[3].

**Tunique huronne de fabrication contemporaine en toile jaune décorée
de franges de cuir, de perles et de rassades,
d'inspiration traditionnelle. (69-00312, photo P. Soulard).**

Comme ils se déplaçaient souvent, à la recherche de nouveaux endroits de chasse et de pêche, ils utilisaient des abris démontables en écorce de bouleau ou, dans les régions froides, en peaux de caribou. Ces recouvrements étaient tendus sur une armature conique de perches, laissant au sommet une ouverture pour la fuite de la fumée. Ils pouvaient charger ces abris démontés sur un toboggan ou dans un canot.

Leurs chasseurs portaient sur eux un talisman qui symbolisait un être surnaturel apparu en songe et qui leur accordait sa protection. Certains, pour apaiser les âmes des animaux qu'ils avaient tués pour s'en nourrir, ornaient leur courroie à porter les fardeaux de rogatons de peau.

De nos jours, les spécimens de l'art primitif algonquin sont rares. On peut retrouver des dessins d'origine dans les motifs floraux imprégnés avec les dents dans de l'écorce de bouleau servant dans la fabrication des paniers, ou dans certains patrons peints sur les vêtements de peau. Les broderies en poil d'orignal et en piquants de porc-épic, qui témoignaient également des créations de la première époque, furent supplantées par la broderie de soie et la rassade d'influence artistique européenne.

Les Hurons-Wendats et les Mohawks, originaires du bassin de l'Ohio, aux États-Unis, passèrent ensuite dans le sud-est de l'Ontario et dans la région s'étendant du lac Champlain au lac Ontario. À l'arrivée de Jacques Cartier, des Mohawks étaient déjà fixés à Montréal et à Québec, tandis que les Hurons arrivèrent à Québec au milieu du XVIIᵉ siècle.

Les nations iroquoises s'adonnèrent les premières à la culture du sol au Canada, cultivant le maïs, les fèves, les courges, de même que le chanvre et le lin. Puisqu'elles ne connaissaient pas les disettes subies occasionnellement par les groupes algonquins qui ne cultivaient pas le sol, elles n'avaient pas à passer d'un endroit à l'autre en quête de nourriture. Ces Indiens qui s'établissaient dans des habitations permanentes pouvaient également pêcher et chasser.

Le costume traditionnel des Indiens sédentaires, tiré de la peau de chevreuil, consistait, chez les hommes, en une chemise descendant aux cuisses et un pagne retenu entre les jambes. Les femmes avaient une courte tunique et une jupe également en peau de chevreuil. Hommes et

**Robe algonquine en peau de chevreuil. Dents d'orignal servant d'attaches. XXᵉ siècle. (75-01117, photo P. Soulard).**

femmes portaient des jambières de cuir et des mocassins, et ils se couvraient la tête et les épaules d'une mante de fourrure. Ce costume, qui se modifia au XVIII$^e$ siècle, était décoré de piquants de porc-épic et de crin d'orignal; des parures de coquillages, d'os et de pierres venaient s'ajouter comme accessoires.

En été, ils dormaient sur des lits rustiques fixés aux murs, et en hiver, sur des nattes étendues sur le sol, les pieds près des feux. Leur habitation consistait en une construction en écorce de cèdre ou d'orme posée sur une structure de piquets et prenant la forme d'une grange au toit arrondi. Ces constructions qui abritaient de 15 à 20 familles chacune étaient rassemblées et souvent entourées de palissades.

Les Iroquois se servaient de ceintures de wampum à titre d'ornements, comme monnaie d'échange et attestation de ratification des traités.

Les Hurons traitaient non seulement avec les membres de la famille linguistique iroquoienne, mais aussi avec ceux de la famille algonquienne et des autres nations de la côte de la Nouvelle-Angleterre, échangeant du maïs contre des fourrures, des remèdes, des colliers de coquillage ou de wampum, etc. Contrairement aux groupes nomades qui voyageaient surtout en canot d'écorce, ils se déplaçaient plutôt en pirogues creusées à même des troncs d'arbre.

Ils disposaient d'une organisation sociale plus complexe que celle des autres autochtones, pour, par exemple, nommer des ambassadeurs, ou décider de la paix et de la guerre. Les chefs étaient élus par les femmes les plus âgées de chaque famille qui jouaient aussi un rôle important dans les fêtes annuelles[4]. Quant aux hommes, à certains moments de l'année, ils participaient à des démonstrations athlétiques et à des jeux de hasard. Lors de fêtes lunaires, Hurons et Mohawks faisaient des offrandes aux esprits pour les apaiser ou les chasser, utilisant, par exemple, des masques dont ils se couvraient la figure pour visiter les maisons des villages[5].

« Panache » ou coiffe de guerre huronne du XXᵉ siècle. À l'origine portée par les Indiens américains et faite de rassades et de plumes d'aigle, cette coiffe huronne est plutôt constituée de plumes de perdrix ou de dindes sauvages. (69-00316, photo P. Soulard).

# 1. Les nations algonquines

## — *Les Abénakis*[6]

À l'arrivée des Européens, les Abénakis occupaient un immense territoire s'étendant de la Nouvelle-Angleterre jusqu'aux provinces Maritimes. Vers 1676, ils s'étaient regroupés dans la mission de Sillery, près de la ville de Québec, pour passer ensuite sur les rives de la rivière Chaudière et finalement se fixer à Odanak (Pierreville), et Wôlinak (Bécancour). Leurs habitations en pieux recouvertes d'écorce de bouleau étaient regroupées en bourgades souvent protégées par des palissades[7].

Le printemps, les Abénakis exploitaient la sève d'érable et pêchaient; l'été, ils cultivaient du tabac, des légumes, tels les patates, les fèves, le blé d'Inde, les courges, et ils cueillaient des bleuets et différentes baies. À la fin de la saison, ils accumulaient des plantes médicinales, des noix et des châtaignes. L'automne, ils commençaient à chasser les oiseaux d'eau, l'orignal et le chevreuil.

Les hommes portaient un bonnet et une ceinture faits de peau tannée, et ils se munissaient de petits sacs d'amulettes tirées d'animaux à l'esprit bienveillant. En hiver, leurs mocassins en peau d'orignal étaient doublés de peau de lièvre et enfilés dans des chaussures de cuir qui atteignaient le genou. Les femmes et les hommes portaient alors des casques de fourrure et s'enveloppaient de peau d'orignal.

Ils étaient férus de mythes portant sur la création du monde et autres croyances légendaires. Les chamans s'y connaissaient dans l'art de guérir et de choisir les bons terrains de chasse. Les Abénakis se rassemblaient lors de cérémonies de mariage ou de funérailles, par exemple, et ils exécutaient alors des danses encore vivantes chez eux : les danses du Couteau, de la Pipe et de l'Aigle.

De nos jours, la nation compte quelques 600 membres à Odanak, en bordure de la rivière Saint-François, et une centaine, à Wôlinak, sur la rivière Bécancour. Ils fabriquent surtout de la vannerie d'éclisses de frêne et de racines de cèdre. Ils décorent ces paniers de dessins traditionnels et de foin d'odeur. Certains artistes connaissent encore les secrets de

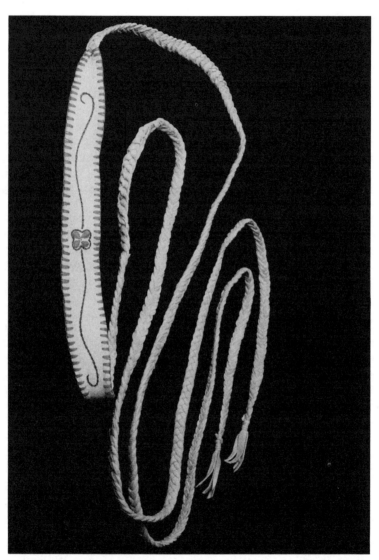

**Lanière frontale encore utilisée pour tirer les animaux tués par le chasseur montagnais. Peau d'orignal brodée et fumée. Gérard Siméon, artisan, Pointe-Bleue (Coll. M. Noël, photo L. Leblanc).**

fabrication du « masque du soleil », symbole d'abondance, et du « masque du maïs », rappelant les fruits de la nature. D'autres sculptent des totems cérémoniels identifiés à l'animal gardien de la tribu.

Le musée d'Odanak renferme une importante collection d'artefacts illustrant la culture traditionnelle et les œuvres artistiques des Abénakis.

— *Les Algonquins*

Plus de 4000 Algonquins vivent maintenant en Abitibi-Témiscamingue, dans les villages de Grand-Lac-Victoria, Lac-Simon, Winneway, Pikogan, Témiscamingue, Kipawa, Wolf Lake, Lac-Rapide, et en haute Gatineau, à Maniwaki. Ces Amérindiens sont en relation avec leurs voisins du Québec, les Attikameks et les Cris, de même qu'avec les Ojibways de l'Ontario. Ils pratiquent encore la pêche, le trappage et la chasse, mais ils se sont aussi intégrés au monde du travail de leur région.

Selon la tradition orale, le territoire ancestral de ces nomades était situé sur la côte est de l'Atlantique et ils seraient parvenus jusqu'au nord-ouest du Québec après avoir d'abord séjourné dans la région d'Oka.

Jadis, la longue période de chasse pendant les temps froids était particulièrement exigeante pour les femmes qui demeuraient au camp et devaient avoir soin des enfants. Pour nourrir la famille en attente du retour des hommes, elles chassaient le lièvre et la perdrix, pêchaient et s'approvisionnaient en eau et en bois de chauffage. En été, lorsque les chasseurs revenaient avec leurs fourrures, elles tannaient les peaux, fabriquaient des vêtements et préparaient la viande qui servait de nourriture pendant l'hiver suivant. Les Algonquines sont toujours renommées pour leurs travaux de broderie. Elles mettent de longues heures à garnir de perles et de motifs décoratifs des robes, des vestes, des bracelets, des colliers, des boucles d'oreilles et des bandeaux.

Les croyances algonquines reposaient sur le chamanisme par l'intermédiaire du chaman ou sorcier qui se faisait le lien entre les humains et l'inconnu et pratiquait des rites dans la « tente tremblante » pour établir la communication avec les esprits divins et les animaux. Les activités de chasse étaient associées à des rites visant à respecter l'esprit des animaux tués, pour s'assurer des chasses fructueuses.

**Bourse en velours décorée de perles.**
**Origine probable iroquoise. (69-00318, photo P. Soulard).**

Ils perpétuent certains récits qui font la narration d'événements vécus par leurs aïeux, mais leur tradition orale véhicule surtout des légendes mythiques très anciennes situées dans un temps hors d'atteinte, comme « la création de la rivière Saint-Maurice », « la naissance des esturgeons », etc. Ces histoires mythiques traduisent une philosophie de vie qui justifie les comportements en les rattachant à des origines « naturelles » ou elles constituent une science explicative des origines et des raisons d'existence des êtres et des choses.

Ces mythes font intervenir des héros naturels ou surnaturels situés à des niveaux supérieurs ou inférieurs ; ce sont des Anciens, des dieux, des manitous ou sorciers. On y découvre une genèse des ordres minéral, végétal et animal, en dépendance d'une science populaire latente qui dévoilerait des traits de la pensée humaine sans la science d'école.

Cette saga des peuples amérindiens articulée autour des héros bons ou mauvais de l'ère préchrétienne, ponctuée de punitions, de récompenses, de défis, est reprise selon l'appartenance spirituelle du moment, le manitou devenant alors un Dieu. Cette charte des croyances vouées à une idéologie des comportements est beaucoup plus fixée, comme forme, que celle de la légende des Canadiens français.

Les Algonquins sont encore très attachés à leurs traditions. Ainsi, à Lac-Simon, lors de la journée du canot qui a lieu au mois de septembre, en souvenir de l'ancienne fête du départ pour la saison de chasse, on fait des rencontres familiales. Les plus âgés relatent des histoires de chasse et rappellent l'importance des liens familiaux. On enseigne encore aux enfants à monter une tente, à piéger et à vivre en forêt.

— *Les Attikameks*

Entre 1670 et 1680, la nation attikamek s'est presque éteinte alors qu'elle fut frappée par des épidémies et que des combats la mirent régulièrement aux prises avec les Iroquois. Ils doivent leur survie au fait de s'être associés à d'autres Amérindiens nomades, les « Têtes de boule ».

Les Attikameks furent régulièrement en contact avec des marchands et des missionnaires et ils développèrent des relations économiques basées sur l'échange de marchandises avec les Hurons, les Cris, les Montagnais et les Algonquins. En 1820, la Compagnie de la Baie d'Hudson ouvrit un

**Bonnet traditionnel ancien porté par les Montagnaises. Molleton perlé, région de Schefferville. (Coll. M. Noël, photo L. Leblanc).**

**Bonnet mohawk en velours décoré de rassades. Type Glangarry. Probablement du milieu du XIX$^e$ siècle. (68-03383, photo P. Soulard).**

poste de traite à Weymontachingue où ils venaient échanger leurs four-rures contre des munitions, de la farine, des outils, des vêtements, etc.

Aujourd'hui, quelque 3 000 Attikameks vivent dans les forêts de la haute Mauricie, surtout dans les villages de Obedjiwan, Manouane et Weymontachingue. Depuis la construction de la voie ferrée et l'industria-lisation de la région, de nombreux changements sont survenus au sein de la population qui est passée de la chasse, du trappage et de la pêche, aux emplois de guides, de travailleurs forestiers, de conducteurs de camion, d'ouvriers de la construction, de professeurs, de gérants, etc.

Certains membres font encore des produits selon la tradition ancienne pour en tirer des revenus, tels des toboggans, des canots et des vêtements richement décorés. Leur mythologie repose sur des légendes qui font peu de distinction entre l'animal et l'humain.

Jadis, en septembre, ils abandonnaient leurs villages pour monter s'installer dans leurs camps de chasse, et en avril, ils commençaient à pêcher. En juin, ils s'en revenaient au poste de traite pour échanger leurs pelleteries. Juillet était la période des festivités et des mariages.

Avant la diffusion du canot de toile et du canot métallique, les Attikameks se transportaient sur l'eau en léger canot d'écorce de bouleau. Ils fabriquaient des contenants très décorés en écorce pour emmagasiner les outils, d'autres pour la cueillette de l'eau d'érable et la conservation de la viande, et des « tikinagan » en bois, pour transporter les jeunes bébés. Les peaux de lièvres cousues ensemble et la fourrure d'orignal servaient de couverture ou à la confection de vêtements. Le chef était un homme sage qui avait une grande expérience qu'il mettait au service de la survie du groupe. Maintenant, les Attikameks et les Montagnais forment un seul Conseil.

## — Les Cris

Plus de 8 000 Cris vivent dans des villages sur les rives de la baie James et de la baie d'Hudson, à Whapmagoostui, Chisasibi, Wemindji, Eastmain, et à l'intérieur des terres, à Nemiscau, Mistassini et Waswanipi. Nomades de nature, ce n'est surtout que depuis le XXe siècle qu'ils se sont regroupés en communautés stables. Dès le XVIIe siècle, ils sont en contact avec des commerçants anglais et français qu'ils viennent rencontrer au

Hochet chichiqué en bois et peau d'orignal utilisé lors de cérémonies
par les Algonquins de la région de Maniwaki.
(Coll. M. Noël, photo L. Leblanc).

Bilboquet traditionnel des Algonquins, région de l'Abitibi.
Vertèbre d'orignal, fil de peau tannée et touffe de poils d'orignal.
(Coll. M. Noël, photo L. Leblanc).

poste de traite des fourrures au moins une fois par année. C'est par ces transactions qu'ils adoptent des outils en fer et des aliments qu'ils ne connaissaient pas auparavant. De leur côté, les Cris apportent leur aide à ces nouveaux venus exposés aux contraintes de la nature dans une contrée au rude climat hivernal.

Encore très attachés à la chasse, au trappage et à la pêche, les Cris sont renommés pour l'originalité de leurs produits artisanaux et leurs créations artistiques. Ils perpétuent des techniques de tannage et de transformation des peaux pour en faire des vêtements richement décorés. Plusieurs personnes, surtout des femmes, sont occupées à produire des objets d'artisanat et des œuvres d'art qui sont mis sur le marché à travers un réseau de boutiques. Ils façonnent des appelants de rameaux de mélèze qui ont fait leur renommée dans le monde.

Les pasteurs anglicans et les missionnaires oblats sont à l'origine de la mise en place de l'enseignement et des services de santé. Les Cris ont développé des organismes économiques et les services sociaux nécessaires au bien-être de leurs communautés. Chaque village dispose d'une école élémentaire et une école polyvalente regroupe les jeunes Amérindiens qui veulent poursuivre des études secondaires. Chisasibi est doté d'un hôpital qui répond aux besoins des habitants des villages de la côte et chaque communauté est desservie par une clinique médicale. Les Cris, qui possèdent leur propre compagnie de transport aérien, ont surtout développé leur autonomie depuis le milieu des années 1970, alors que le Grand Conseil des Cris, composé d'un chef et d'un délégué de chacune des huit bandes, signa une entente en vue du développement hydro-électrique de la baie James.

— *Les Micmacs et les Malécites*

Lorsque les pêcheurs basques et les premiers Français rencontrèrent les Micmacs sur la côte Est du Canada au XVIe siècle[8], ils les nommèrent « Souriquois », mais ces Amérindiens se désignaient eux-mêmes sous le nom de « Migmawag », c'est-à-dire « Peuple de l'aurore ». Ils étaient alors semi-nomades, ne pratiquant pas l'agriculture mais vivant de la pêche et de la chasse. En automne, ils se déplaçaient vers les grandes forêts pour y chasser et trapper les animaux. Leurs wigwams d'écorce de bouleau ou de peau d'animal étaient simples ; et leurs vêtements bien adaptés à leurs

**Ceinture en laine perlée. Tissée aux doigts. Famille iroquoise. Fin du XVIIIᵉ siècle ou début du XIXᵉ. (86-01487, photo P. Soulard).**

activités et au climat : vestes avec ou sans manches, manteaux, bonnets et capuchons en fourrure. Leurs outils étaient tirés d'os de gros gibiers, de panaches de cervidés et de dents de carnivores et ils se servaient de récipients de fibres lacées ou de terre cuite. Toute activité importante était précédée de rites religieux, comme des offrandes faites à leurs dieux, et le feu constituait un élément essentiel dans les activités religieuses, sociales ou politiques. Les Micmacs pratiquaient les cultes de l'Ours, et les nouveau-nés étaient présentés au soleil à l'équinoxe du printemps. Le sorcier jouait le rôle d'intermédiaire entre les dieux et les humains, interprétait les rêves, dirigeait les cérémonies religieuses et les danses, pratiquait la magie et faisait des incantations en rapport avec leur mythologie.

De nos jours, les communautés micmaques installées dans le Québec se situent à Restigouche, où ils sont 1 500 membres; à Maria, sur la rive nord de la rivière Cascapédia, au nombre de 500 membres; et 150 d'entre eux se retrouvent dans la région de Gaspé. La pêche au saumon constitue une activité saisonnière importante. Un bon nombre de Micmacs sont charpentiers, ouvriers du fer dans la construction, guides de chasse, historiens, ou artistes. La vannerie, une industrie traditionnelle chez eux depuis l'abandon de la traite des fourrures, est à base de lanières de frêne ou en foin d'odeur.

Très associée aux Micmacs de la Gaspésie et du Nouveau-Brunswick, la première nation malécite de Viger, près de Rivière-du-Loup, reconnue en 1989 comme onzième nation par le gouvernement du Québec, compte 225 membres inscrits. Au début du XVIIe siècle, en provenance du Maine et de l'est du Canada, les Malécites venaient commercer leurs fourrures à la mission de Rivière-du-Loup. Attachés aux pères Récollets, ils allaient en grande partie les suivre et se fixer le long de la rivière Saint-Jean au Nouveau-Brunswick. Seules quelques familles continuèrent de vivre dans l'anse de la Rivière-du-Loup et dans la région de Saint-Épiphane.

Leur alimentation de base reposait sur le poisson et les viandes sauvages, le castor, l'ours, le rat musqué et l'orignal. Les Malécites étaient reconnus pour la beauté de leur corps qu'ils décoraient de tatouages. Les femmes portaient une tunique et un capuchon pointu décorés de perles et de bijoux en argent.

**Paroi d'un panier en écorce de bouleau brodée.
Famille iroquoise. (88-04838, photo P. Soulard).**

**Corbeille en écorce de bouleau décorée de motifs en poils d'orignal
teints. Origine huronne. (68-03441, photo P. Soulard).**

*— Les Montagnais et les Naskapis*

Au XVII$^e$ siècle, les Montagnais occupaient une vaste région de la Côte-Nord, mais ils durent abandonner ces lieux d'origine et déménager leurs installations à plusieurs reprises sur ce grand territoire. D'après leur histoire orale, avant l'arrivée des Européens, les Inuit s'emparèrent de leur territoire et ils durent se retirer dans l'arrière-pays. Plus tard, une section de la Côte-Nord fut divisée en seigneuries. Il y eut aussi une période intense de chantiers forestiers suivie de l'arrivée de colonisateurs. Au XX$^e$ siècle, le développement minier et les constructions hydro-électriques vinrent s'ajouter. Les évangélisateurs s'installèrent dans les villages et des postes de traite firent leur apparition. Tous ces mouvements et ces présences allaient modifier les traditions et les lieux de vie des Amérindiens. La farine, le beurre, le thé, la toile et les fusils furent introduits. Auparavant, la viande de caribou constituait leur plus importante ressource alimentaire et sa fourrure servait à fabriquer les vêtements. On chassait aussi le canard, l'oie et le lièvre et on pêchait surtout le saumon et la truite. Tous les vêtements des femmes étaient très décorés : mocassins, robes, jupes, tuniques noires et rouges, jambières. Les peaux colorées avec des teintures naturelles étaient brodées de rangs de perles et ornées de franges et de glands. De nos jours, les femmes portent encore leur petit chapeau traditionnel, et les hommes utilisent toujours le couteau croche pour fabriquer leur articles : raquettes, canots, paniers, jouets, instruments musicaux, jeux. Les tambours sont toujours utilisés pour accompagner les activités rituelles. Leurs récits comportent la présence d'un héros comique, Carcajou, et celle de Tshakapesh, le protecteur qui libère des monstres qui assaillent les Amérindiens.

Les principaux villages comprenant des populations importantes de Montagnais sont Mashteuiatsh (Pointe-Bleue), Les Escoumins, Betsiamites, Matimekosh, Uashat-Maliotenam, Mingan, Natashquan, La Romaine, Saint-Augustin et Pakuashipi. Ils forment une population totale de plus de 7 000 Montagnais au Québec.

Plus de 400 Naskapis du Québec vivent dans la région de Schefferville et parlent une langue semblable à celle des Montagnais. Ces Amérindiens qui vivaient jadis principalement de la chasse au caribou dans la région de la baie d'Ungava, parcouraient de longues distances en suivant la migration de cet animal.

**Panier micmac ancien en écorce de bouleau cousue avec des racines de conifère et décoré de piquants de porc-épic. (86-03046, photo P. Soulard).**

Les Naskapis purent se procurer des produits européens par l'entremise des Montagnais ou des Cris dans le premier quart du XIX$^e$ siècle, car ils mirent du temps avant de s'intéresser à la traite des fourrures. En 1956, ils quittèrent Matimekosh où ils vivaient avec les Montagnais, bien qu'ils soient deux groupes différents, pour se construire un nouveau village : Kawawachikamach. Les Naskapis sont toujours de grands chasseurs même si certains d'entre eux occupent des emplois dans diverses entreprises de construction.

## 2. Les nations iroquoises

### — Les Hurons-Wendats

Wendats, signifiant « insulaires » ou « habitants d'une péninsule », est un nom que portent toujours les Hurons en souvenir de leur premier établissement en Huronie, une péninsule du sud de l'Ontario où ils cultivaient des terres fertiles. La hure, lisière de cheveux qu'ils conservaient sur leur tête rasée lors des attaques guerrières, serait à l'origine du nom de Huron.

Les femmes faisaient pousser du maïs de même que des fèves et des courges qu'elles conservaient, pour tous les résidants, dans des barils emmagasinés dans de longues maisons. Les surplus alimentaires servaient à l'échange, avec d'autres groupes amérindiens, contre des pièces de vêtements et des outils. Les femmes confectionnaient des nasses avec des feuilles de blé d'Inde et produisaient une grande variété de poteries, tandis que les hommes, en hiver, faisaient des raquettes à neige, des arcs et des flèches. Les Hurons-Wendats ont toujours accordé une grande importance à la chasse et à la pêche, surtout durant l'hiver, alors qu'ils partaient en expédition pendant plusieurs mois.

Ils étaient 18 000 personnes qui demeuraient dans une vingtaine de villages fortifiés s'élevant en bordure de points d'eau et formés chacun d'une quarantaine de maisons longues de 30 mètres. Chaque village comportait au moins deux plus grandes maisons servant de résidence pour le chef de guerre et le chef des questions domestiques. Le bonnet du chef, un large bandeau de cuir brodé de motifs floraux symbolisant l'autorité, retenait un bouquet de plumes de coq ou de perdrix sur le dessus de la tête. Leur société était matrilinéaire et comportait huit clans :

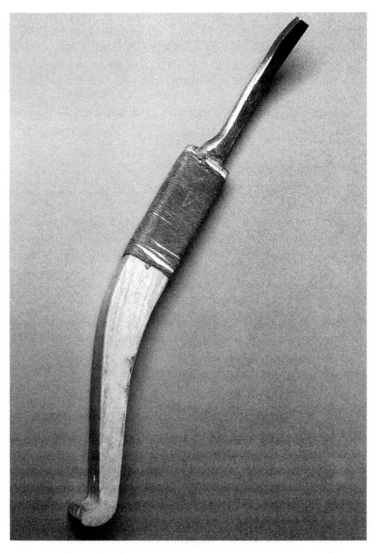

« Couteau croche » dont la lame imite la courbure de la dent de castor.
Utilisé dans l'ensemble des peuples amérindiens.
(Coll. M. Noël, photo L. Leblanc).

les clans de la Tortue, du Loup, du Castor, du Serpent, du Porc-épic, de l'Aigle, du Chevreuil et de l'Ours.

Vers 1650, par suite de fréquentes attaques des Iroquois, et aussi à cause de maladies contagieuses et du manque de nourriture, ils s'amenèrent à Québec où les Jésuites et les Ursulines s'occupèrent d'eux. Ils se fixèrent finalement près de la rivière Saint-Charles, sur le site actuel de Wendake (Village-des-Hurons), où ils sont maintenant au nombre de 800, alors que près de 500 autres vivent en dehors du village. Les Hurons sont reconnus pour l'originalité des objets d'artisanat qu'ils produisent, tels que des mocassins, des raquettes à neige, etc., dans de petites entreprises spécialisées dont les techniques de fabrication et l'art décoratif reflètent les traditions ancestrales, l'histoire de leur nation et sa mythologie. Le Village-des-Hurons conserve dans son musée et sa chapelle des objets représentatifs du genre de vie passé, de même que des pièces d'orfèvrerie datant du XVII$^e$ siècle.

### — *Les Mohawks*

Avant l'arrivée des Européens, les Mohawks appartenaient à la famille des Iroquois qui faisait partie de la ligue des Cinq Nations, ou « Peuple de la Maison longue », par rapprochement avec la longue maison d'écorce contenant cinq feux. Au temps de Jacques Cartier, il y avait un village Mohawk à Stadacona, près de la ville de Québec, et un autre à Hochelaga, qui est devenu Montréal.

À la fin du XVII$^e$ siècle, ils s'installaient à Kahnawake où vivent maintenant quelque cinq mille de leurs descendants. Le corps de Kateri Tekakwitha, décédée en 1680 et déclarée bienheureuse en 1980 par le pape Jean-Paul II, repose dans l'église de la mission Saint-François-Xavier à cet endroit. Au milieu du XVIII$^e$ siècle, des membres de la nation allèrent s'établir près du lac des Deux Montagnes à l'endroit nommé Kanesatake, où vivent aujourd'hui neuf cents personnes. Un clan se détacha ensuite de ce dernier endroit pour s'en aller à Akwesasne, qui compte maintenant une population de mille cinq cents membres sur le territoire québécois.

La nation mohawk, une société matrilinéaire, est représentée et protégée par les clans de la Tortue, de l'Ours et du Loup. L'occupation traditionelle qui assurait leur survie matérielle était jadis l'agriculture,

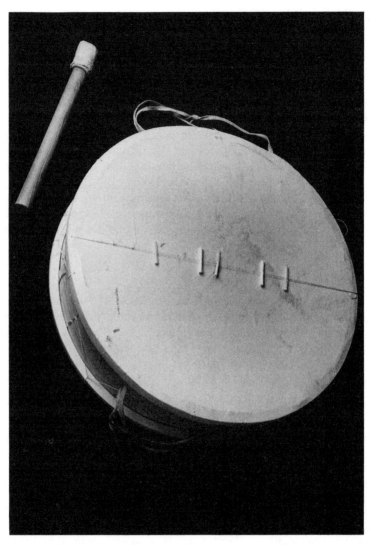

**Tambour traditionnel cri de Mistassini. Bois et peau de caribou. (Coll. M. Noël, photo L. Leblanc).**

mais depuis le début du XX$^e$ siècle, la plupart des hommes sont des travailleurs spécialisés dans la charpenterie en acier au Canada et aux États-Unis. Des femmes et des hommes sont avocats, médecins, travailleurs sociaux, etc.

Les Mohawks sont de bons sculpteurs sur bois et sur pierre, et ils sont renommés comme joailliers et artisans vanniers. Ils façonnent aussi des vêtements en cuir ornés de broderies perlées. Chaque communauté renferme des artistes et des artisans reconnus pour leurs réalisations. Un sport de compétition dans lequel ils excellent est celui de la crosse qui, jadis, constituait un événement spirituel. En été, ils participent à des compétitions nationales de course en canot.

Des artefacts anciens, les « faux-visages », des masques en bois sculpté, de même que des ceintures de wampum et autres objets culturels des temps passés sont exposés dans leurs musées. La nation mohawk est bien déterminée à sauvegarder sa langue et sa culture.

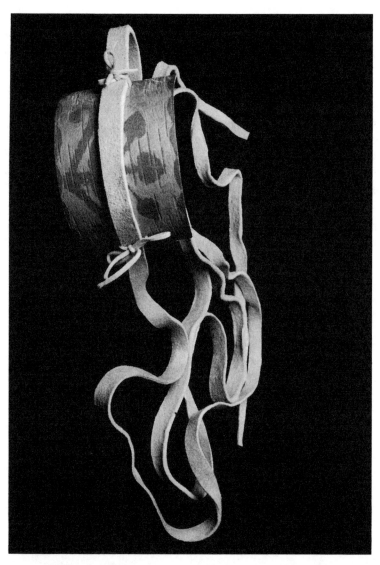

Pièce d'écorde de bouleau que le portageur place sur son front et sur laquelle glisse la courroie de son paqueton. Montagnais de Pointe-Bleue. (Coll. M. Noël, photo L. Leblanc).

# LES OBJETS AMÉRINDIENS

L'objet utilitaire amérindien naît de la volonté des disparus qui communiquent leurs conceptions de l'univers matériel à travers les rêves que font les vivants. Les personnes dans l'au-delà sont les guides de l'existence humaine grâce aux objets nécessaires à la quotidienneté et à la vie spirituelle qui reposent sur les expériences de vie des Anciens. La technologie amérindienne est avant tout concernée par la continuité culturelle de la nation et par le bien-être de la société plutôt que par la vie individuelle des membres.

## 1. L'origine des choses

Les objets et les formes esthétiques amérindiens trouvent donc leur origine dans la tradition et dans le rêve; et ce rêve peut aussi bien être fait dans le sommeil que consister en des « rêveries », lorsque l'esprit s'abandonne à des souvenirs qui excitent l'imagination créatrice : « Quand s'achève ma rêverie, je tiens dans mes mains des objets que j'ai créés. [9] » Ce qui signifie qu'un concept vient de naître qu'il s'agira ensuite de réaliser. Même si elle n'est que la reproduction d'un objet déjà existant dans le milieu autochtone en cause, l'Indien considère cette nouvelle forme comme étant unique parce qu'elle est issue d'un rêve particulier. L'objet est renouvelé; il repart d'une vie nouvelle chaque fois qu'il est recréé.

Ce qui donne tant d'importance au rêve comme origine de la création des objets, c'est qu'il est, comme l'objet dont il sera à l'origine d'ailleurs, le reflet de la « pensée spirituelle » ou la manifestation de l'univers cosmique où se reposent les aïeux qui ont quitté le monde physique, la terre. Et chaque objet produit, comme la sculpture d'une poupée, même grossière, est une chose merveilleuse « qu'on a rêvée, une manifestation des esprits qui parlent ». En fait, ces créations ont passé à travers les moyens de communication avec les Anciens qui habitent dans le lieu de séjour des trépassés. Ted J. Braser dira :

> Le rêve ou « la vision » était le pivot des pratiques rituelles visant à entrer en contact avec les forces de la nature et à les influencer.

**Porte-bébé façonné en écorce de bouleau et décoré de motifs traditionnels chez les Attikameks de la haute Mauricie. (Coll. M. Noël, photo L. Leblanc).**

L'homme en quête d'un pouvoir sacré se retirait en un lieu isolé, où il attendait, dans le jeûne et la prière de rêver à un protecteur spirituel. Cette idée que la véritable sagesse ne peut s'acquérir que par la souffrance, par l'éloignement, en pleine nature, de la société humaine, est une vérité éternelle et universelle. [...] Il en obtenait des chants de rêve et des dessins symboliques, s'instruisait de l'art de guérir et de maîtriser le climat, ou apprenait à fabriquer des biens protecteurs[10].

## 2. Les sources d'énergie

En plus de transmettre un désir des disparus, quant à l'existence, à la forme et au décor des objets, ces artefacts possèdent une double finalité grâce à leur contenu magique qui en fait tantôt des instruments capables de guérir, tantôt des instruments capables de détruire. Et cette puissance des objets, bien qu'elle vienne d'abord des messages des disparus, dépend en grande partie aussi de la force contenue dans le matériau utilisé, de même que des techniques ou moyens mis en œuvre au moment de la fabrication. De plus, le moment de création sera aussi accompagné d'un rituel qui investit davantage l'objet de puissance opératoire. Mentionnons encore qu'un rituel complémentaire, opéré au moment de l'utilisation de la pièce, sera aussi nécessaire.

La science autochtone puise donc dans un lieu de ressourcement spirituel d'abord, puis elle renforce ensuite l'objet grâce à l'héritage d'un savoir concernant les procédés de fabrication et des pratiques d'utilisation. Ces secrets concernent le choix des matériaux sacrés ou dotés de forces, de même que les conseils des aînés qui dictent les manières exactes de travailler ces matériaux, ainsi que les prières devant accompagner les techniques du façonnage.

Ainsi, les matériaux sont issus d'un univers vivant — le bois par exemple, tout comme la dent d'ours, sont vivants — et leurs formes, de même que leur couleur, joueront aussi un rôle important. La peau du bison qui a nourri la tribu, une fois transformée en vêtement, communique son esprit à la personne qui la porte. De même, les moyens techniques et magiques, des comportements, des dires, qui sont en cause au moment de la fabrication transmettent un pouvoir magique. Les formes imprimées par les ongles ou les doigts sur le tuyau de la pipe, ou les incantations prononcées au moment du façonnage, sont des éléments de transmission de la vie

Porte-bébé mohawk en bois sculpté et peint de dessins animaliers et floraux. (68-03089, photo P. Soulard).

qui animera cette pipe une fois terminée. Les Hurons des Grands Lacs étaient renommés pour l'ornementation de leur pipe avec des dessins chargés de signification. De même, la manière de plier le cuir au moment du découpage d'une robe, la puissance naturelle des fils qui s'intègrent à la pièce, concourront à l'animation de l'objet façonné.

En plus d'avoir été investi de forces parce qu'il origine du rêve, qu'il découle d'un rituel de fabrication particulier et qu'il a été tiré d'un matériau magique, l'objet acquerra encore du pouvoir après avoir servi avec succès. Ainsi, la pointe de flèche qui a abattu un animal est investie de plus de valeur que la pointe identique qui n'aurait pas encore servi. Et si l'on attribue des qualités particulièrement au fabricant d'une pièce, celle-ci en sera encore davantage enrichie.

Puis, il y a encore le moment de la fabrication qui compte en regard de l'énergie intégrée à l'objet. Car l'univers où séjournent les disparus se situe dans le cosmos qui dispose les astres selon le moment du jour ou de la nuit, ou qui investit les éléments de la nature, tels le feu, la pluie, l'air, l'eau, le chant des oiseaux. Tous ces éléments animent un sang magique qui vivifie les objets. Car le feu est vivant, c'est le battement du cœur; la terre est la mère, le ciel est le père, l'eau est la grand-mère, l'aube rassemble les ancêtres. L'esprit du soleil fait pousser les plantes, et celui de la lune éclaire la nuit[11].

Les Amérindiens ne possédaient pas de véritable calendrier, ils divisaient l'année en mois lunaires portant les noms des phénomènes naturels inhérents à ces moments, comme la lune des fruits sauvages, des migrations des oiseaux, des semences, de la récolte, etc.

## 3.  Les formes symboliques

Lorsqu'on construira un tipi ou autre forme d'abri, on tiendra compte des quatre points cardinaux et du soleil levant, car ces réalités font aussi partie des préceptes, « il faut faire » ou « il ne faut pas faire », et ces formes prennent valeur de symboles qui font accéder à la force physique et mentale, de même qu'à la beauté qui circule dans le cosmos. Ainsi, par le contact ou la fréquentation de ces objets, on sera transformé. L'abri rond représente le cercle universel constitué par la continuité de la nation; il veille à la suite du monde. Les dessins et tatouages rouges sur le corps

**Poupée de feuilles de maïs. Costume de tissu décoré de rassades.
Famille iroquoienne. (68-03111, photo P. Soulard).**

montrent un sang vigoureux qui circule dans les veines de la personne qui les porte ; les petits objets magiques conservés dans un sac, par leur couleur ou leur forme, transmettent différentes forces à la personne porteuse. La Danse du soleil, pratiquée chaque année, s'exécute autour d'une pièce de bois plantée en terre qui joue le rôle du totem regroupant les esprits et réunissant la terre au ciel, soit les terrestres et les habitants du cosmos.

Les masques des Hurons et des Mohawks, fabriqués selon des règles particulières à chacun d'eux, intègrent et transmettent aux porteurs et aux participants les mêmes pouvoirs que possédaient les êtres personnifiés. Des masques attirent le gibier, d'autres remercient pour la récolte abondante, d'autres guérissent les malades, tandis que d'autres, parés de cheveux humains, brisent les maléfices. On organisait des cérémonies de guérison en faisant usage de masques hideux, les « faux-visages », pour contrer les esprits maléfiques. Les rites chamaniques et autres pratiques religieuses varient chez les nomades et les sédentaires. Chez les Algonquins, on peut dialoguer avec le maître des animaux par l'entremise de la tente tremblante et on suspend aux arbres les crânes d'animaux, en signe de respect. De la même façon, le calumet décoré de plumes, de perles, de fourrure, de poils, etc., est chargé de symboles. De sa fumée qui atteindra le cosmos, lieu de séjour spirituel des disparus, se dégagent l'idéologie et les messages de la tribu. Chez les Algonquins, son fourneau sera chargé d'un tabac issu d'un mélange de quatre plantes magiques dont la fumée agira comme un baume sur les esprits des disparus et servira d'intercession.

Certains objets associés à des images mythiques permettent d'entrer en rapport avec l'univers spirituel, tels les crécelles de peau et de corne pour guérir, et les tambours accompagnant des chants et des danses. Ils ont des pouvoirs d'agir sur le cosmos, et partant, la nature, principalement pour implorer l'aide des disparus, demander des changements dans le comportement des animaux, du temps, des nations belliqueuses, etc. D'autres objets sont les symboles de pouvoir, tels le sifflet guérisseur, la plume d'aigle, capables de transmettre leur force pour remuer les idées et les gestes.

Des objets sont utilisés à l'intérieur d'une cérémonie comportant des rites guérisseurs, tels les poupées, les éventails, les hochets, les serres

**Porte-bébé miniature en lanières de bois et de cuir enveloppé d'une couverture de coton. Jouet mohawk. XXᵉ siècle. (68-03117, photo P. Soulard).**

d'aigles, et autres parties de volatiles. On portera au cou un fragment de cordon ombilical enfermé dans un sachet. Le sac à médecines des jongleurs, le sachet de cheveux, tous ces objets se présentent comme des contrepoisons aux mauvais tours des esprits méchants.

Certains objets ont plus d'une fonction symbolique, ce sont par exemple, l'amulette en forme de tortue qui symbolise la fertilité, mais qui devient un instrument guérisseur, lorsqu'elle renferme certaines petites pièces; ou la fourrure séchée de belette, rappelant l'ingéniosité, et qui prend des valeurs magiques d'acquisition de pouvoirs si on l'insère dans un cerceau. Tous ces usages font partie de cérémonies visant à guérir ou à souligner des étapes de la vie chez les membres de la tribu, ou des moments particuliers dans le cycle de l'année.

Le cercle, symbole de l'arrivée de l'homme dans le monde physique, de même que l'échelle, rappel de l'émergence dans un monde cosmique ou spirituel de l'au-delà, découlent de mythes anciens. Le cercle est un lieu de rencontre entre les univers terrestre et cosmique où séjournent les esprits. Les sculptures ou peintures sur le devant des canots seraient des représentations qui provoqueraient cette présence surnaturelle, de la même manière que le masque de bois présent lors de la naissance d'un enfant est vivant et se meut. Tous ces objets et représentations sont le siège d'êtres surnaturels, comme le sont la forêt, les eaux, les végétaux et les animaux.

Les bandes amérindiennes évoluaient dans une atmosphère de spiritualité. Elles vivaient une religion faite pour l'individu et ayant pour temple la nature; une religion se ramenant à une prise de contact avec les esprits, dans leur propre habitat, la forêt, la prairie ou la toundra. Les esprits habitent les hommes, les eaux, les rochers, les plantes, les animaux, le vent, les moindres bruits. Ce sont tous des manitous, mais de force inégale. Rien n'empêche toutefois d'orienter un peu l'avenir par des offrandes appropriées. Les arbres des sites de campement offrent le spectacle réconfortant par l'offrande propitiatoire de crânes d'ours, de loutres ou de huards, des guirlandes de becs de canard, des squelettes de visons, des têtes de truites, des ailes d'oiseaux, des omoplates et des bois d'orignaux [12].

Le christianisme a dérouté ces systèmes, bien que certaines croyances survivent encore chez quelques tribus, comme celle de

Étui à cigares d'écorce de bouleau recouverte de drap de laine rouge.
Motifs décoratifs de laine et de poils d'orignal.
Provenance huronne. (83-02241, photo P. Soulard).

fabriquer un panier d'éclisses de frêne épousant la forme et les couleurs rouge et verte d'une fraise, et dans lequel on met des fruits pour nourrir la personne qui trépasse, au moment de son voyage entre la terre et l'univers cosmique, perpétuant par là la croyance que les Indiens, passant d'une vie à l'autre, se nourrissent alors de fraises.

De même a survécu la représentation du « cercle sacré » apparaissant sur les tambours sous forme d'une volée d'oiseaux survolant un oiseau ascendant. La « Ghost Dance » reprend cette idée, alors que les participants se meuvent en cercle, main dans la main, portant des vêtements dont le décor illustre cette ascension.

Certains objets révèlent, informent, annoncent ; ce ne sont plus des signes du subconscient ou des symboles, mais ce sont des marques, à la façon des sigles commerciaux. Ainsi, le harnachement, grande collerette semblable à une étole, ne pourra être porté que par une personne qui a établi un fait d'armes dont elle témoigne. Le panache, grande coiffe à plumes, sera d'autant plus élaboré que celui qui le porte est hardi et a fait preuve de succès guerriers. Très souvent, cette qualité physique ou morale, aura aussi fait un chef de celui qui porte le panache. D'autres objets rituels au départ sont devenus des marques de rang social ou de bravoure, tels le collier de dents d'ours et les cornes d'animaux, portés par des braves. Selon Ted J. Brasser,

> les Iroquois et leurs voisins se servaient de ceintures faites de perles de coquillage blanches et pourpres appelées « wampum » pour transmettre des communications importantes. Ils avaient choisi le wampum à cette fin en raison du caractère sacré et prestigieux qu'il revêtait depuis longtemps[13].

La ceinture de wampum précédait le contenu d'un message verbal qui suivrait. On sait que le blanc qu'elle contenait, annonçait la paix et la prospérité, tandis que le rouge évoquait plutôt la mort, l'hostilité. Les lignes droites regroupant des losanges marquaient l'union entre nations.

On retrouve aussi des écorces de bouleau de même que des pièces de bois gravées de dessins. Des cordes dont le nombre de nœuds rappelait autant de générations, par exemple, servaient de moyens de communication chez les Naskapis.

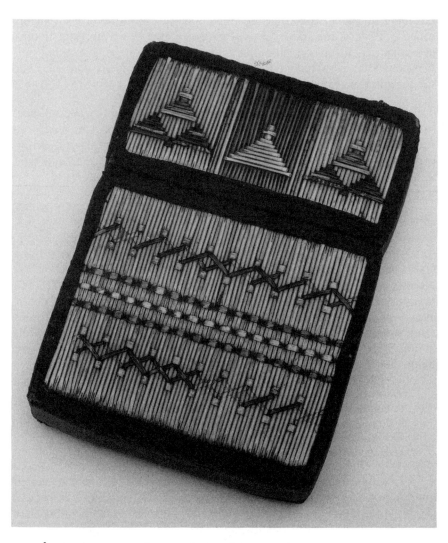

**Étui micmac en écorce de bouleau recouverte de soie bleue. Décor de piquants de porc-épic. Milieu du XIXe siècle. (83-02240, photo P. Soulard).**

Si ces marques étaient plus hermétiques et comprises surtout des initiés, d'autres étaient facilement interprétées :

Ainsi, les bandes que les Indiens des Plaines peignaient sur leurs jambières et leurs chemises évoquaient le nombre d'adversaires touchés au combat. Les taches que le guerrier portait sur son corps et sur sa chemise représentaient les blessures subies sur le champ de bataille, tandis qu'une main rouge peinte ou brodée en piquants sur le costume d'un guerrier sioux signifiait que celui-ci avait tué un adversaire dans un combat corps à corps [14].

## 4. Les principales pièces utilitaires ou artistiques

À l'exception du totem, l'Indien possède une culture matérielle qu'il peut porter sur son cheval ou dans son canot [15].

Les Indiens ne disposaient que de peu d'objets; et lorsqu'ils changeaient de lieux de séjour, ils n'emportaient que les pièces les plus nécessaires et les plus symboliques. Parmi ces objets, mentionnons ceux qui étaient associés à la religion, à la chasse, à l'agriculture et à la guerre, et des ustensiles de cuisson. Les outils à percussion en pierre n'étaient généralement pas emportés, tout comme certains instruments en os, telle la houe tirée d'une omoplate de gros gibier. Ces pièces étaient reproduites une fois que la famille s'était réinstallée.

Dans l'art amérindien, les comportements sont subordonnés à ceux du groupe. Les objets de base constituent des réponses aux besoins physiques et spirituels, en ce qu'il y a de plus élémentaire : acquisition de la nourriture, des vêtements et de l'abri, et survivance de la société. L'art indien concerne particulièrement la survivance et les objets cérémoniaux aident à conserver la culture [16].

Le sacré et le profane sont indissociables dans la culture amérindienne; à tel point qu'il n'existe pas de mot pour distinguer l'art des autres fonctions domestiques ou sociales [17]. En général, la plupart des individus sont capables de réaliser les formes artistiques les plus courantes, tandis que certaines personnes qui héritent des talents artistiques exercés par des plus adroits, se chargent d'exécuter pour le groupe des œuvres plus complexes.

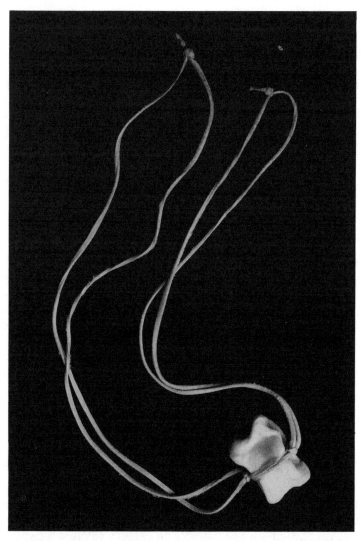

Jeu « ronfleur » fait d'une vertèbre d'orignal et d'une lanière en peau de caribou, servant à modifier la direction du vent. Montagnais de Pointe-Bleue, fabrication récente de l'artisan Gérard Siméon. (Coll. M. Noël, photo L. Leblanc).

**Collier porte-bonheur attikamek comportant une dent d'ours
retenue par un fourreau en peau d'orignal perlé.
XX<sup>e</sup> siècle. (74-00494, photo P. Soulard).**

**Oiseau en velours décoré de perles, de rassades et de sacs-amulettes servant de pelote à épingles. Origine probable iroquoise. (91-00524, photo P. Soulard).**

Les pièces les plus ornementées étaient les vêtements, les abris, les porte-bébés, les boucliers, les calumets et les tomahawks, certains ustensiles, dont le couteau croche chez les Algonguins, et plus tard, les cornes à poudre et les fusils.

Les articles les plus prisés étaient généralement les mocassins, jadis décorés de coquillages et de poils de porc-épic, puis de perles depuis les XVII$^e$ et XVIII$^e$ siècles, les jambières décorées de franges et d'appliqués, le pagne parfois peint et toujours complété de lanières, les tikinagans en bois et en peau (porte-bébés), occasionnellement dans leur fourreau de cuir, l'un et l'autre richement décorés, des mantes en peau naturelle ou tannée, décorées de rubans, des couvertures perlées, des harnachements d'hommes (marques de succès guerriers) et de chevaux, des ceintures perlées et comportant des pièces de métal, des casques de formes diverses selon la tribu.

Bien qu'il se soit produit des changements dans la tradition vestimentaire, certaines pièces anciennes ont subsisté. Ainsi, les femmes micmaques et malécites portent encore, en 1992, leur capuchon pointu; les femmes et fillettes montagnaises leur petit chapeau perlé; et les Naskapis, leur bonnet agrémenté d'un gland et de bandes carreautées. Jadis, on disposait de sacs variés, en peau naturelle ou en cuir, souvent décorés, portés en bandoulière ou à la ceinture, ou dans le cou, ou fixés au dos du cheval, dans lesquels on conservait des objets magiques ou utilitaires, dont des herbes comme de la sauge pour se purifier. D'autres sacs étaient suspendus dans l'abri, contenant des habits et parures, ou de la nourriture. Des écharpes à glands, franges, en laine ou en coton après la rencontre des Européens, mais auparavant en poils de bison, d'orignal ou de chevreuil; des nattes en fibres végétales, des peaux servant de litières ou de couvertures, faisaient aussi partie de l'équipement. Les marchandises de traite allaient amener de nouveaux objets fort appréciés : boutons, cartes à jouer, miroirs, peignes, savon, mouchoirs, chaudrons, haches, couteaux, alênes, hameçons, aiguilles, étoffes de laine, de lin et de coton, vêtements, couvertures, farine, pois, biscuits, mélasse, etc.

Les Amérindiens fabriquaient des jeux de société, tels des damiers et leurs jetons d'os, des jeux d'osselets, des poupées en bois peint, en cuir ou en fourrure, pour les enfants. Parmi les bijoux, mentionnons les

**Panier en écorce de bouleau et lanière en peau d'orignal fumée, motif floral traditionnel. Montagnais de Pointe-Bleue, fabrication récente. (Coll. M. Noël, photo L. Leblanc).**

colliers, les bandeaux, les bracelets de jambes, et chez certains, des frontaux qui retenaient les cheveux.

Quant aux objets de guerre ou de chasse, rappelons le fanion, fait de baguettes en bois peint, de lanières de cuir et de plumes, souvent multicolores; le carquois, l'étui à tomahawk et à fusil, etc.

La plupart des motifs décoratifs les plus anciens sont géométriques, ou ils représentent des animaux bienveillants, comme ceux qui sont identifiés aux clans, l'ours, la tortue, le renard, etc.; et parfois des humains en train de livrer combat. Dans le cas de ces scènes de guerre, on reconstitue en dessins des moments privilégiés par les participants.

## 5. Les matériaux décoratifs

Les matériaux les plus utilisés dans l'ornementation étaient le crin de cheval, les cheveux, les poils de bison naturels et de porc-épic teints, les plumes d'aigle si possible, ou d'autres oiseaux, le roseau, naturel ou teint, les écorces, la paille, les cuirs, la fourrure, les petites pierres naturelles ou teintes, ciselées ou trouées, l'os, la corne de bison, d'orignal ou de chevreuil, les griffes d'animaux, les dents d'ours portées en collier par les hommes comme protection, le bois, en particulier les loupes ou excroissances ligneuses, les graines, les cornes et panaches d'animaux, les vessies de certains animaux, les coquillages et l'argile[18].

À partir des XVIIᵉ et XVIIIᵉ siècles, des matériaux décoratifs nouveaux apportés par la traite des fourrures avec les Européens allaient en remplacer d'autres, ou venir s'ajouter à ceux qui existaient déjà. Ainsi, les perles bleues, d'abord fabriquées en Italie, puis les perles de toutes couleurs, remplacèrent peu à peu les poils de porc-épic et d'orignal. Des rubans multicolores en soie et en velours firent leur apparition, des bijoux d'étain, dont des croix, d'autres en cuivre et en argent, et des bagues, des bracelets, des épinglettes, des rondelles (couettes) d'argent, de cuivre ou d'étain, ouvragées, découpées d'ouvertures et de ciselures, et servant à décorer le cou, les cheveux, les oreilles ou des pièces de costume; des grelots en cuivre ou en laiton, des clochettes et des cônes en étain.

**Vaisseau iroquois. Poignées intégrées dans l'unique pièce de bois sculpté. (68-03005, photo P. Soulard).**

**Contenant abénaki en écorce de bouleau décorée de feuilles d'érable. XIX<sup>e</sup> siècle. (68-03434, photo P. Soulard).**

## 6. Quelques changements à travers le temps

À la fin du XVIIIe siècle, les femmes malécites revêtaient un capuchon pointu décoré d'argent et de perles qui allait devenir leur coiffure cérémoniale au début du XXe siècle.

À l'arrivée des Européens, un homme malécite qui prenait épouse devait nécessairement disposer de divers outils, de même que d'un miroir et de la peinture à décorer le corps. Si la tradition du tatouage de la peau fut discontinuée dans le premier tiers du XIXe siècle, l'habitude de se colorer la figure lors de fêtes se continua, et l'on utilisait alors de l'eau dans laquelle on avait fait tremper du papier crêpé. Au même moment, lors des divertissements on danse souvent sur des airs de musique joués sur l'accordéon.

À l'arrivée des Européens, les Micmacs se décoraient de coquillages blancs, souvent des écailles de palourdes. Leurs objets étaient agrémentés de piquants de porc-épic teints en blanc, en rouge et en violet. Des résilles ou entrelacements de peau d'orignal mort-né servaient de filets pour retenir leurs cheveux, et des lanières de cuir entouraient leur cou.

Les femmes portaient des robes de peau d'élan joliment décorées avec de la peinture, et les hommes s'enroulaient dans un morceau d'étoffe pour couvrir leur nudité.

Dans la deuxième moitié du XVIIIe siècle, les femmes portaient un costume constitué d'un manteau de laine à fleurs descendant jusqu'à la taille et d'un court jupon d'étoffe bleue. Leur tête était couverte sur le dessus et à l'arrière d'un chapeau pointu orné de petites perles blanches. Ce ne serait qu'à la fin du XIXe siècle que les hommes se mirent à porter le couvre-chef de plumes lors des cérémonies.

À l'arrivée des Européens, les hommes avaient la tête entourée d'un ruban de peau de fourrure qui leur descendait dans le dos jusqu'aux hanches. Leurs épaules étaient décorées de plumes d'oie, de perles et de piquants de porc-épic, et des lanières suspendues sur leur poitrine, à leur ceinture ou à leurs hanches, étaient agrémentées de bouts d'oreilles, de griffes, de menton, de lèvre inférieure, provenant surtout de la tête de loup ou d'ours. Ces pièces étaient aplaties, séchées et peintes d'hématite rouge à l'intérieur.

Contenant à bandoulière de cueilleur attikamek.
Écorce de bouleau décorée de motifs végétaux et géométriques.
XX<sup>e</sup> siècle. (74-00442, photo P. Soulard).

Au XVIII^e siècle, les Montagnais portaient des coiffures en forme de mitre en tissu rouge et bleu, fort ornées de perles et rubans et dont la pointe tombait de côté. Les femmes étaient ceintes de riches chapelets de perles, avaient des croix au cou et portaient des bas écarlates.

Les femmes et les hommes de la tribu des Naskapis portaient alors des vêtements de peau de daim fumée. Les hommes avaient des jambières en toutes saisons, dont le poil était sur la peau et le dessus orné de motifs de différentes couleurs d'extraits d'arbres et d'herbes. Les pans de leurs jambières battaient au vent, car ils n'étaient pas fixés sur les côtés. Les hommes et les garçons portaient des bandeaux très colorés et se garnissaient de glands de laine de couleurs variées. Contrairement aux hommes, les femmes montraient peu d'intérêt pour le décor de leur robe qu'elles recouvraient d'un châle.

Leurs habitations en peaux de cervidés renfermaient un feu au centre et ils dormaient les pieds en direction du feu. Les instruments de cuisine et la nourriture étaient suspendus à un poteau de la tente, tandis que leurs vêtements, enveloppés dans des peaux, servaient de coussins ou d'oreillers. Contrairement à d'autres tribus, ils enterraient leurs morts dans le sol même l'hiver, en faisant un feu pour dégeler la terre.

Les Naskapis vouent un grand respect pour l'ours dont la représentation est constante. Ainsi, lors de la « fête annuelle de l'ourson », le premier ourson tué dans la saison de chasse est mis en valeur. Écorché et empaillé, on décore ses pattes et sa tête de perles, de piquants de porc-épic et de vermillon[19].

Au temps de Champlain, chez les Hurons, les hommes et les femmes avaient des robes semblables, si ce n'est que les femmes étaient ceintes, et que les hommes portaient plus d'ornements. Leurs cheveux, bien peignés, peints et graissés, étaient liés au moyen de lanières de peau d'anguille. À l'occasion des festins et des assemblées publiques, les hommes peignaient leur corps.

Aux XVIII^e et XIX^e siècles, les femmes suspendent sur leurs hanches des chaînes de grains de porcelaine de la grosseur des noix. Elles portent de larges bracelets de fer ou de tôle au-dessus des coudes et des chevilles. Les hommes, plus souvent que les femmes, ont des

Grand panier abénaki pour le transport des objets et des aliments.
Fabriqué avec des lanières de frêne battu.
(91-1042, photo P. Soulard).

Outarde ancienne en bois de mélèze provenant de la baie James et servant d'appelant chez les Cris. (Coll. M. Noël, photo L. Leblanc).

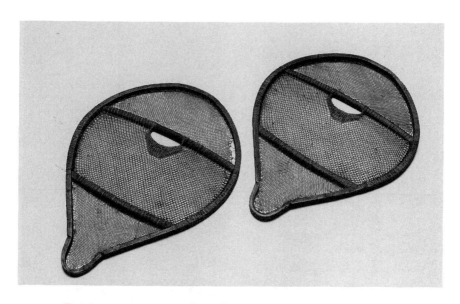

**Raquettes montagnaises de type « queue de castor ».
XXᵉ siècle. (68-03074, photo P. Soulard).**

anneaux décoratifs aux oreilles, et tous deux peuvent suspendre des disques argentés à leur cou et à leur poitrine.

Au XVII$^e$ siècle, les Mohawks portent des colliers et boucles d'oreille spiralées de laiton, surtout, mais aussi de coquillages, ou de verre, ou de chaîne d'anneaux. Ces parures sont aussi fixées à la chevelure et aux vêtements, voisinant avec des pendentifs en étain. Les femmes ont des bracelets en fil de laiton et leurs doigts sont agrémentés d'anneaux.

Les hommes ont la tête ceinte d'un cerceau de perles sur cuir, ou d'un bandeau de peau de marte qui descend et flotte sur les épaules ou dans le dos. Des lanières de sabots de cerfs entourent souvent leurs chevilles.

Au XIX$^e$ siècle, les hommes portent occasionnellement une ceinture de laine ou de lin fléchée obtenue de la traite des fourrures, enrichie de perles, et leurs vêtements sont très décorés de perles rouges, bleues et blanches. Leur couvre-chef comporte souvent un bandeau d'argent. Les femmes revêtent une mante de lainage bleue allant jusqu'au sol. Leurs décorations préférées sont alors en argent découpé, ou martelé, et elles ont au cou de riches colliers en plusieurs rangs, parfois de perles d'argent.

Lorsque les hommes partent en guerre, ils se rasent la tête, conservant sur le dessus une hure ou touffe de cheveux qu'ils décorent ou peignent en rouge comme leur figure.

Ces quelques traits de la culture matérielle amérindienne des XVII$^e$, XVIII$^e$ et XIX$^e$ siècles ont perdu passablement de leur signification de nos jours, mais la tradition orale dans les milieux autochtones continue de remémorer leur souvenir et s'efforce à l'occasion de susciter leur existence dans le but de transmettre aux descendants l'univers matériel des anciens le plus authentique possible[20].

# RÉFÉRENCES

1. Jacques Rousseau, « Le Dernier des Peaux-Rouges », *Les Cahiers des Dix*, Montréal, Éditions des Dix, 1963, p. 46 à 76.

2. Marius Barbeau, *Indiens d'Amérique*, Montréal, Beauchemin, 1965, 3 vol.; et Alan D. McMillan, *Native Peoples and Cultures of Canada*, Vancouver, Douglas and McIntyre, 1988.

3. *La Famille algonquienne*, Ottawa, Musée national du Canada, 1938, 9 pages (p. 3).

4. Marguerite Vincent Tehariolina, *La Nation Huronne : son histoire, sa culture, son esprit*, Québec, Éditions du Pélican, 1984, 507 pages (p. 109 à 113).

5. *Les Iroquois*, Ottawa, Musée national du Canada, 1937, 12 pages.

6. SAGMAI, *Nations autochtones du Québec*, Québec, Secrétariat aux activités gouvernementales en milieu améridien et inuit, 1984, 172 pages.

7. J.-A. Maurault, *Histoire des Abénakis, depuis 1605 jusqu'à nos jours*, Sorel, La Gazette de Sorel, 1866.

8. Wilson D. Wallis and Ruth Sawtell Wallis, *The Malecites Indians of New Brunswick*, Ottawa, The Minister of Northern Affairs and National Resources, 1957, 54 pages.

9. Anna Lee Walters, *L'Esprit des Indiens*, Paris, Casterman, 1990, 117 pages (p. 28).

10. Ted J. Brasser, *« Bo'jou, Neeje ! » Regards sur l'art indien du Canada*, Ottawa, Musée national de l'Homme, 1976, p. 20.

11. Anna Lee Walters, *op. cit.*, p. 67.

12. Jacques Rousseau, « Les sachems délibèrent autour du camp », *Les Cahiers des Dix*, Montréal, Éditions des Dix, 1959, p. 5 à 50 (p. 10); et Alan D. McMillan, *Native Peoples and Cultures of Canada*, Vancouver, Douglas and McItyre, 1988, 340 pages (p. 98).

13. Ted J. Brasser, *op. cit.*, p. 18.

14. Ted J. Brasser, *op. cit.*, p. 19.

15. Ralph T. Coe, *Sacred Circles, Two Thousand Years of North American Indian Art*, Kansas City, Atkins Museum of Fine Arts, 1977, p. 11.

16. Martin Friedman, « Of Traditions and Esthetics », *American Indian Art: Form and Tradition, (Exhibition Catalogue)*, New York, Dutton Paperbacks, 1972, p. 24.

17. C. Kart Dewhurst and Betty and Marsha MacDowell, *Religious Folk Art in America, Reflections of Faith*, New York, Museum of American Folk Art, 1983, p. 2.

18. Ted J. Brasser, *op. cit.*, pp. 15 et 16.

19. Karlis Karklins, *Les Parures de traité chez les peuples autochtones du Canada*, Ottawa, Le Service des parcs, 1992, 255 pages (p. 19).

20. Michel Noël, *Art décoratif et vestimentaire des Amérindiens du Québec, XVIe et XVIIIe siècles*, Montréal, Leméac, 1979.

# BIBLIOGRAPHIE

Barbeau, Marius, *Indiens d'Amérique*, Montréal, Beauchemin, 1965, 3 vol.

Brasser, Ted J., *« Bo'jou, Neejee! » Regards sur l'art indien du Canada*, Ottawa, Musée national de l'Homme, 1976.

Coe, Ralf T., *Sacred Circles, Two Thousand Years of North American Indian Art*, Kansas City, Atkins Museum of Fine Arts, 1977.

Dewhurst, C. Kart, Betty MacDowell and Marsha MacDowell, *Religious Folk Art in America, Reflections of Faith*, New York, Museum of American Folk Art, 1983.

Friedman, Martin, « Of Traditions and Esthetics », *American Indian Art : Form and Tradition, (Exhibition Catalogue)*, New York, Dutton Paperbacks, 1972.

Karklins, Karlis, *Les Parures de traite chez les peuples autochtones du Canada*, Ottawa, Le Service des parcs, 1992.

*La Famille algonquienne*, Ottawa, Musée national du Canada, 1938.

*Les Iroquois*, Ottawa, Musée national du Canada, 1937.

Maurault, J.-A., *Histoire des Abénakis, depuis 1605 jusqu'à nos jours*, Sorel, La Gazette de Sorel, 1866.

McMillan, Alan D., *Native Peoples and Cultures of Canada*, Vancouver, Douglas and McIntyre, 1988.

Noël, Michel, *Art décoratif et vestimentaire des Amérindiens du Québec, XVI$^e$ et XVIII$^e$ siècles*, Montréal, Leméac, 1979.

Rousseau, Jacques, « Le Dernier des Peaux-Rouges », *Les Cahiers des Dix*, Montréal, Éditions des Dix, 1963, p. 46 à 76.

Rousseau, Jacques, *Les Premiers Canadiens*, Montréal, Éditions des Dix, 1960, 64 pages.

Rousseau, Jacques, « Les sachems délibèrent autour du camp », *Les Cahiers des Dix*, Montréal, Éditions des Dix, 1959, p. 5 à 50.

SAGMAI, *Nations autochtones du Québec*, Québec, Secrétariat des activités gouvernementales en milieu amérindien et inuit, 1984.

Simard, Cyril et Michel Noël, *Artisanat québécois 3. Indiens et Esquimaux*, Montréal, Les Éditions de l'Homme, 1977.

Speck, Frank G., *Thème décoratif de la Double Courbe dans l'Art des Algonquins du Nord-Est*, Ottawa, Imprimerie du Gouvernement, 1915.

Speck, Frank G., *Penobscot Man*, New York, Octogon Books, 1976.

Vincent Tehariolina, Marguerite, *La Nation Huronne : son histoire, sa culture, son esprit*, Québec, Éditions du Pélican, 1984.

Wallis, Wilson, D. and Ruth Sawtell Wallis, *The Malecite Indians of New Brunswick*, Ottawa, The Minister of Northern Affairs and National Resources, 1957.

Walters, Anna Lee, *L'Esprit des Indiens*, Paris, Casterman, 1990.

# TABLE DES MATIÈRES

**MARQUIS**

Montmagny, Qc
juin 1994